Inhalt

Die Private Arbeitslosenversicherung - ein neuer Ansatz?

Kernthesen

Beitrag

Fallbeispiele

Weiterführende Literatur

Impressum

GENIOS WirtschaftsWissen Nr. 09/2005 vom 15.09.2005

Die Private Arbeitslosenversicherung - ein neuer Ansatz?

I. Lukmann

Kernthesen

- In Zukunft könnte eine private Arbeitslosenversicherung die bisherige Versicherung gegen Erwerbslosigkeit ersetzen. (1)
- Dabei stellt sich die Frage, wie viel Wettbewerb überhaupt in einer solchen Versicherung möglich sein könnte. (3), (6)
- Ansätze zur Umsetzung einer Privaten Arbeitslosenversicherung kommen hauptsächlich aus dem wissenschaftlichen Bereich. (3), (4), (7)

Beitrag

Die Arbeitslosenversicherung ist ein Überbleibsel der Weimarer Republik. Damals wurde eine neue Institution namens "Reichsanstalt für Arbeitsvermittlung und Arbeitslosenversicherung" gegründet. Die Finanzierung erfolgte in gleicher Höhe von Arbeitgebern und Arbeitnehmern. Das Grundprinzip ist bis heute erhalten geblieben. (2)

Im folgenden Artikel wird aufgezeigt, welche Bestandteile die aktuelle Form der Arbeitslosenversicherung hat. Außerdem werden die Gründe dargelegt, die eine neue Ausrichtung auf eine Private Arbeitslosenversicherung notwendig machen könnten. Abschließend werden noch einige Vorschläge zur Ausgestaltung einer Privaten Arbeitslosenversicherung aufgezählt. Hierbei werden sowohl einige Vorzüge als auch mögliche Probleme einer Privaten Arbeitslosenversicherung angeführt.

Inhalte der bisherigen Arbeitslosenversicherung

Auch heute soll die Arbeitslosenversicherung das individuelle Einkommen - losgelöst von Bedürftigkeit oder Armut - über den Zeitraum der Arbeitslosigkeit hinweg absichern. Der Unterschied beispielsweise zur Sozialhilfe besteht darin, dass ein Anspruch auf Lohnersatzleistung erst dann gegeben ist, wenn die Betroffenen, vor Eintreten des Arbeitslosenfalles, selbst Beiträge entrichtet haben. Die Sozialhilfe hingegen finanziert sich aus staatlichen Mitteln und greift ausnahmslos im Bedarfsfall ein. (6)

Folgende versicherungsfremde Leistungen werden bislang von der Arbeitslosenversicherung übernommen:

-Berufsausbildungshilfe
-Eingliederung von Aussiedlern
-Kurzarbeitergeld
-Ausgliederung älterer Arbeitnehmer in den Ruhestand
-Förderung zur Wiedereingliederung in einen Beruf.
(5)

Rückgang der Einnahmenseite

Die Kapazitäten der Bundesagentur für Arbeit (BA) sind abhängig von der Anzahl aller sozialversicherungspflichtigen Beschäftigungsverhältnisse. Mehr als 95 Prozent der

Erträge der BA werden aus Arbeitslosenversicherungsbeiträgen eingenommen. Der Rest des Bedarfs wird anschließend vom Bund beigesteuert. Allerdings steigen, auch nach konsequenten Einsparungsmaßnahmen wie beispielsweise der aktiven Arbeitsmarktpolitik, nach wie vor die Defizite der BA. Der Bedarf einer Reform der Arbeitslosenversicherung scheint daher notwendig. (1)

Lösungsmodell Private Arbeitslosenversicherung?

Vor diesem Hintergrund stellt die Wissenschaft zunehmend die Frage nach einer Privaten Arbeitslosenversicherung. Es herrscht dabei verstärkt die Annahme, dass Leistungen wie die Arbeitslosenversicherung, gegebenenfalls durch privatwirtschaftliche Elemente, Arbeitnehmer besser und billiger absichern könnten. Die Versicherung ist wie oben beschrieben dazu da, einen Verdienstausfall in Zeiten der Erwerbslosigkeit aufzufangen. Sie ist aber im Gegenzug nicht dazu gedacht, Arbeitslose möglichst lange zu unterhalten.

Die Arbeitslosenversicherung ist daher eine Risikoversicherung, bei der in der Regel darüber diskutiert wird, welche Elemente Bestandteil einer Versicherung sein sollten. Eine komplette Privatisierung der Arbeitslosenversicherung wird von der Politik selten anvisiert, während sie von Wissenschaftlern vehement gefordert wird. Viele Wissenschaftler sind der Ansicht, dass alle Leistungen - von der Vermittlung und Berufsberatung bis hin zur Entgeltabsicherung - im Grunde durch den privaten Markt abgesichert werden könnten. (1)

Grundzüge des Kieler Zwei-Säulen-Modells

Das so genannte Kieler Modell basiert auf einem Zwei-Säulen-Modell. In der ersten Säule versichern sich Arbeitnehmer freiwillig in einer Privaten Arbeitslosenversicherung. Die Versicherungsprämie der Arbeitnehmer würde nicht wie bisher an das Gehalt gekoppelt sein, sondern würde das individuelle Arbeitslosigkeitsrisiko jedes Einzelnen berücksichtigen. Dies könnte, den Befürwortern dieses Modells zufolge, verstärkt Anreize schaffen, Arbeitslosigkeit zu vermeiden. Wodurch im Gegenzug, beispielsweise durch Qualifizierungsprogramme oder eine höhere Mobilität der versicherten Arbeitnehmer, dazu beitragen werden könnte, dass niedrigere Beitragssätzen umgesetzt werden könnten.

Die zweite Säule in diesem Modell bezieht sich auf die arbeitgebende Seite. Arbeitgeber würden ihre Beiträge in einen neuen Arbeitslosenversicherungsfonds einzahlen. Die Höhe der Beiträge könnte davon abhängig gemacht werden, welche Personalpolitik das Unternehmen betreibt. So könnte ein Unternehmen beispielsweise durch eine Vergrößerung der Belegschaft Beschäftigungsprämien erhalten. Ein kleiner Teil des Fonds würde dem Modell nach in eine Rückversicherung fließen, um die Zahlungen der Privaten Arbeitslosenversicherung im Falle einer Zahlungsunfähigkeit abzusichern. (3), (6)

Vorteile des Kieler Zwei-Säulen-Modells

Aus Ergebnissen verschiedener Simulationsrechnungen kann eine Private Arbeitslosenversicherung nach dem beschriebenen Zwei-Säulen-Modell langfristig sowohl Arbeitgebern als auch Arbeitnehmern zugute kommen. Jeder Arbeitnehmer könnte so in Zukunft selbst entscheiden, ob er überhaupt eine Versicherung benötigt. Voraussetzung hierfür wäre allerdings, dass ein Missbrauch staatlicher Leistungen in Form von Ersatzleistungen wie der Sozialhilfe ausgeschlossen werden können. Auch Mitarbeiter mit geringerem Einkommen könnten von diesem Modell profitieren, da sie entsprechend geringere Prämien bzw. Beiträge zahlen würden. (3), (6)

Probleme der Privaten Arbeitslosenversicherung

Die Realisierung einer Privaten Arbeitslosenversicherung hängt maßgeblich von der Lösung einiger problematischer Fragestellungen ab. Auf der einen Seite bleibt offen, ob eine private Versicherung die oben erwähnten Versicherungsleistungen in erforderlichem Umfang gewährleisten kann, oder ob hierbei weiterhin staatliche Vorgaben erforderlich bleiben werden. Auf der anderen Seite stellt sich die Frage, ob Arbeitnehmer aufgrund des Wegfalls der Zwangsversicherung, sich freiwillig eine Private Arbeitslosenversicherung zulegen würden. (6)

Fallbeispiele

Die Versicherungswirtschaft hat große Vorbehalte gegenüber einer Privaten Arbeitslosenversicherung. Vor allem die Tatsache, dass der Versicherte einen Informationsvorsprung gegenüber dem Versicherungsgeber hat, macht eine Versicherung in diesem Feld besonders schwierig. So weiß der Versicherte sehr viel genauer über seinen Ausbildungsstand, seine berufliche Tätigkeit und seine Situation am Arbeitsplatz Bescheid. Daher wird ein Kunde, der ein erhöhtes Risiko hat, seinen Arbeitsplatz zu verlieren, viel eher eine Versicherung abschließen, als ein Kunde mit geringem Risiko. Dies zöge vermehrt so genannte große Risiken an, was erhöhte Prämien zufolge haben würde. Letztlich wären genau diese hohen Prämien ein weiterer Grund für Kunden mit geringem Risiko, auf eine solche Versicherung zu verzichten. Ein weiterer Grund, weshalb sich die Versicherungsbranche in diesem Geschäftsfeld eher zurückhaltend verhält, liegt laut Oskar Goecke, Leiter des Kölner Instituts für Versicherungswesen, daran, dass die Rahmenbedingungen zu stark von politischen Entscheidungen gelenkt werden. (1)

Aus der Bertelsmann-, Heinz-Nixdorf- und Ludwig-Erhard-Stiftung stammt ein Vorschlag, wonach die

Arbeitslosenversicherung gestrichen werden und an dessen Stelle das Arbeitslosengeld II treten soll. Diese Maßnahmen würden in Kombination mit der Auszahlung des Arbeitgeberanteils der Arbeitslosenversicherung und dem Wegfall der eigenen Beitragszahlungen laut oben genannter Stiftung als Sicherungsnetz vollkommen ausreichen. (1), (2), (4), (7)

Der Würzburger Wirtschaftsprofessor Norbert Berthold schlägt eine Aufteilung in Grund- und Wahlleistungen vor. Danach könnte ein Grundpaket aus folgenden Elementen bestehen: Geldleistung, Beratungs- und Vermittlungsanspruch. Dieses Paket könnte ergänzt werden durch individuelle Wahlleistungen wie etwa längere oder höhere Zahlungen, einen Qualifizierungsanspruch oder den Verzicht auf Karenzzeiten. Die Zahlungen könnten zusätzlich nach verschiedenen Kriterien differenziert werden: Einerseits durch individuelle Risikomerkmale wie beispielsweise Beruf, Branche, Region oder Qualifikation und andererseits durch fixe Risikomerkmale wie Alter, Herkunft oder Geschlecht. Letztere würden von allen Versicherten gemeinsam getragen werden, um so den Äquivalenzgedanken genüge zu tun. (1)

Weiterführende Literatur

(1) Die Zweifel an der Arbeitslosenversicherung wachsen
aus Frankfurter Allgemeine Zeitung, 18.08.2005, Nr. 191, S. 11

(2) Frey, Gerda, Arbeitsmarkt, Ohne Steuer, FOCUS-MONEY, 20.07.2005, S. 70
aus Frankfurter Allgemeine Zeitung, 18.08.2005, Nr. 191, S. 11

(3) Private Arbeitslosenversicherung
aus Frankfurter Allgemeine Zeitung, 22.03.2005, Nr. 68, S. 12

(4) Machold, Ulrich, Wie Deutschland wieder zu Jobs kommen kann, Welt am Sonntag, 13.02.2005, S. 26
aus Frankfurter Allgemeine Zeitung, 22.03.2005, Nr. 68, S. 12

(5) Politikversagen als Ursache der deutschen Sozialstaatskrise* Political Failure as a Cause of the Crisis of the German Welfare State
aus Jahrbücher für Nationalökonomie und Statistik, Heft 1/2005, S. 44-59

(6) Zur Reform der Arbeitslosenversicherung - Markt, Staat oder beides?
aus Zeitschrift für Wirtschaftspolitik, Heft 3/2004, S. 287-314

(7) Läsker, Kristina, Clement gegen private Arbeitslosenversicherung, Wissenschaftler

präsentieren Radikalkonzept zum Umbau der Sozialsysteme / Wirtschaftsminister reagiert mit Skepsis Süddeutsche Zeitung, 15.11.2003, S. 22
aus Zeitschrift für Wirtschaftspolitik, Heft 3/2004, S. 287-314

Impressum

Die Private Arbeitslosenversicherung - ein neuer Ansatz?

Bibliografische Information der deutschen Nationalbibliothek

Die Deutsche Nationalbibliothek verzeichnet diese Publikation in der deutschen Nationalbiliografie; detaillierte bibliografische Daten sind im Internet über http://dnb.d-nb.de abrufbar.

ISBN: 978-3-7379-1732-2

© 2015 GBI-Genios Deutsche Wirtschaftsdatenbank GmbH, Freischützstraße 96, 81927 München, www.genios.de

Alle Rechte vorbehalten. Dieses Werk ist einschließlich aller seiner Teile – z.B. Texte, Tabellen und Grafiken - urheberrechtlich geschützt. Jede Verwertung außerhalb der Grenzen des Urheberrechtsgesetzes bedarf der vorherigen Zustimmung des Verlags. Dies gilt insbesondere auch für auszugsweise Nachdrucke, fotomechanische

Vervielfältigungen (Fotokopie/Mikroskopie), Übersetzungen, Auswertungen durch Datenbanken oder ähnliche Einrichtungen und die Einspeicherung und Verarbeitung in elektronischen Systemen.